HOMELIE XXXI.

POUR LE DIMANCHE DE LA SEXAGESIME

SUR

LE JUSTE ABEL.

de la Chetardie

Par M.r Curé de S. Sulpice de Paris.

3. vol. . . 13. Homel.

A PARIS,
Chez RAYMOND MAZIERES, Libraire, ruë S. Jacques, prés la ruë de la Parcheminerie, à la Providence.

M. DCCIX.

AVEC APPROBATION ET PRIVILEGE DU ROY.

HOMELIE
SUR
LE JUSTE ABEL.

APRE'S vous avoir expliqué l'Evangile de ce jour l'année derniere, mes tres-chers Freres, je croi qu'il ſera tres-utile en celle-cy de vous expoſer l'endroit de la Geneſe que l'Egliſe nous propoſe dans ſon Office ces jours icy, je veux dire l'hiſtoire celebre des deux premiers-nez du monde, Caïn & Abel : laquelle contient de ſi grandes inſtructions, qu'on ne peut bien les développer qu'en remontant encore à l'origine de l'Univers ; matiere d'autant plus importante & néceſſaire, qu'elle regarde le fonds de la Religion, & qu'elle inſpire une pieté non moins ſolide qu'éclairée.

Tandis que nos premiers parens conserverent la justice originelle, ils conserverent la virginité: leurs yeux innocens ne voyoient rien en eux que la beauté du divin Ouvrier qui les avoit formez: leur chair pure & soûmise, sans autre vêtement que le voile sacré de la pudeur, se trouvoit dans l'heureuse ignorance du mal, & ces deux Anges de la terre, libres de toute convoitise, conversoient entr'eux comme les Anges du Ciel

Hom. 18 in c. 2. Gen. conversent parmy nous: *Itaque ab initio virginitas palmam principatus accepit*, dit S. Chrysostome: ah! combien grande & sublime est cette vertu, continuë ce Pere, puisque tout corporels que nous soyons, elle nous fait participer à la gloire de ces substances immaterielles! *Ibid.* *Cogita igitur, dilecte, quanta virginitatis dignitas, quàm sublimis & magna possessio, cùm qui virginitatem accipiunt, in corpore ea agant, quæ incorporearum sunt virtutum.* De-là vient que le Sauveur répondant aux Juifs charnels qui lui demandoient auquel de sept maris qu'avoit eû une femme en cette vie elle appartiendroit en l'autre, leur disoit, que dans ce Royaume avenir, il ne se parleroit plus de mariage, & qu'on y vivroit comme des Anges de Dieu: *Mat. 22. 30.* *neque nubent, neque nubentur, sed erunt sicut Angeli Dei.* Tels etoient d'abord nos premiers parens: mais helas! que ce merveilleux avantage ne dura guéres! car à peine leur esprit se fut-il revolté contre Dieu, que leur chair se revolta contre leur esprit. L'intemperance de la bouche excita bien-tôt l'incontinence du ventre, *Liv. 14. de Civit. c. 17.* *quâ gratiâ remotâ*, dit saint Augustin, *ut pœnâ reciprocâ inobedientia plecteretur, extitit in motu corporis quædam impudens novitas, unde eßet indecens nuditas* : dépoüillez de la robe d'innocence, & confus de l'impudence de leur chair déja rebelle envers eux, qui leur étoit un témoignage & une punition de leur volonté rebelle envers Dieu, ils n'aperçûrent plus en eux qu'une honteuſe turpitude qui les fit rougir de leur nudité, qui les couvrit de confuſion: *itaque quod adverſus voluntatem libido inobedienter movebat, verecundia pudenter tegebat* : ils ſe regarderent d'un autre œil qu'ils n'avoient encore fait, & ils ſe convoiterent: *in ſua membra oculos injecerunt, eoque motu quem non noverant, concupie-* & pour lors ils ſentirent de quel habit de grace ils avoient été juſques-là revêtus : *ibi enim ſentit quâ prius gratiâ veſtiretur, quando in ſuâ nuditate nihil indecens patiebatur.* Ne pouvant donc ſupporter cette indecence ignominieuſe, ils couvrirent leur corps juſqu'alors brillant de gloire, d'un vil haillon de feüilles de figuier : quelle humiliation ! *ad folia ficulnea cucurrerunt, ſuccinctoria conſuerunt, & quia glorianda deſeruerant, pudenda texerunt.* Enfin leur chaſteté commune étant ainſi ternie, ils furent ignominieuſement chaſſez du Paradis, ſejour tranquille de la virginité, & releguez ſur la terre, théatre orageux des nôces humaines, ſuivant cette parole de ſaint Jerôme, *nuptiæ terram replent, virginitas paradiſum* : car, continuë-t-il, nous pouvons dire en gemiſſant, qu'Adam & Eve avant leur peché poſſedoient la virginité, & qu'aprés leur peché ils la perdirent : *de Adamo quidem & Evâ illud dicendum, quod ante offenſam in paradiſo virgines fuerint, poſt peccatum autem, & extra paradiſum nuptiæ.* Mais helas ! quel fut leur étonnement de ſe voir hors de ce lieu de volupté, réduits pour

De Gen. ad Lit. L. 11. c. 32.

Ibid.

Ibid.

Ibid.

L. 1. adver. Jo. in. poſt init. p. 16.

Ibid.

tout ornement à porter un long cilice qui couvroit tout leur corps; exposez aux injures de l'air & des saisons; sans maison, ni retraite, ni commoditez de la vie! que de tristesse & de regrets! Mais quoi, dit saint Hilaire, ce bannissement du Paradis fut plûtôt un signe de la misericorde divine à venir, qu'un châtiment de leur crime présent, puisque s'ils eussent mangé du fruit de vie, & qu'ils fussent devenus immortels, la peine attachée à leur peché eût toujours subsisté, parce qu'ils ne seroient jamais morts, & par conséquent qu'ils n'eussent pas ressuscité à la vie, ainsi qu'il s'est heureusement accompli en Jesus-Christ le second Adam: *quem de Paradiso post culpam ne lignum vitæ attingens, in æternitatem pœnæ maneret, ejecit: ut naturam corporis ejus Adam è cælis secundus assumens, parique morte percussus, eam rursus in vitam æternam jam sine pœnæ æternitate revocaret.* Saint Augustin ajoûte que cette expulsion d'Adam hors du Paradis, laquelle ne lui permit plus d'étendre sa main au fruit de l'arbre de vie, fut comme une excommunication qui chasse le pecheur de l'Eglise, & qui lui interdit l'usage de l'Eucharistie: *separari debuit utique à ligno vitæ... & alienandus tanquam excommunicatus, sicut etiam in hoc Paradiso, id est, Ecclesiâ, solent à Sacramentis altaris visibilibus homines disciplinâ Ecclesiasticâ removeri.* De plus, cette élevation de main au fruit de l'arbre de vie, dont on ôta la faculté à Adam, que signifie-t-elle, sinon la participation au mérite de la Croix du Sauveur qui nous fait recouvrer la vie éternelle dont l'excommunié, s'il ne s'humilie, mérite d'être privé? *Quòd autem dictum est, ne porrigeret Adam manum suam ad arborem vitæ: manus por-*

In ps. 68. n. 23.

De Gen. ad Lit. Lib. 11. num. 40.

De Genes. cont. Man. 2. 22.

rectio bene significat crucem per quam vita æterna recuperatur. Ainsi l'une & l'autre exclusion, ou du Paradis, ou de l'Eglise, est un effet de la misericorde divine, qui ne tend qu'àporter l'homme à la penitence, & à lui faire mériter son retour dans le lieu saint, & son rétablissement dans la gloire, par les gemissemens & par les larmes: telle est la fin des rigueurs salutaires de l'Eglise dans le retranchement des pecheurs publics: elle n'en vient-là que pour procurer la guérison à quelqu'un de ses membres malades, ou pour préserver de maladie le corps dont un membre malade pourroit l'infecter: c'est ce qu'on voit dans les peines médicinales qu'elle impose solemnellement aux pénitens: voilà, leur dit-elle en les chassant, qu'on vous met hors du lieu saint, à cause de vos crimes, ainsi qu'Adam fut mis hors du Paradis, à cause de la transgression qu'il fit du précepte divin, & qu'on vous interdit comme à lui l'usage du fruit de vie: *Ecce ejicimini vos hodie à liminibus sanctæ matris Ecclesiæ, propter peccata & scelera vestra, sicut Adam primus homo ejectus est de Paradiso, propter transgressionem suam... Videte ne fortè sumat de ligno vitæ, & vivat in æternum*: car celui qui reconoissant humblement sa misere, se juge indigne d'approcher de l'Autel, sera bien-tôt jugé digne de se rapprocher de la divine misericorde, dit saint Augustin: *si enim agnoscens reatum suum ipse se à divino altari subtraxerit, citò ad indulgentiam divinæ misericordiæ perveniet*: & celui qui se voyant en mauvais état, craint de s'asseoir sur la terre à la table de l'Eglise, ne craindra pas d'être exclus dans le Ciel du festin éternel: *ab æterno illo & cælesti convivio excommunicari penitùs*

Off. feriæ 5. maj hebd.

Serm. 252. de temp. in Dedic.

non timebit. Que méritera donc celui qui s'étant soüillé dans l'yvrognerie ou dans l'adultere, ou qui gardant dans son cœur la haine contre le prochain, ose néanmoins s'approcher de l'Eucharistie? sinon d'entendre de la bouche du pere de famille cette sentence formidable : comment êtes-vous entré icy sans être revêtu de la robe nuptiale? qu'on le prenne & qu'on le jette pieds & poings liez dans les ténébres. Là, que de pleurs & de grincemens de dents! *ecce qualem sententiam merebitur audire, qui ad convivium nuptiale, id est, ad altare Domini, aut ebriosus, aut adulter, aut odium in corde retinens, præsumit accedere.* Que Dieu, mes tres-chers Freres, continuë saint Augustin, nous accorde la grace de ne jamais tomber dans ces damnables excés, ou si nous sommes assez malheureux pour y être tombez, qu'il nous fasse celle de nous en relever au plûtôt : *avertat hoc Deus à nobis, Fratres charissimi, & concedat ut mala ista, aut numquam velimus admittere, aut si admissa fuerint, sine ullâ morâ, pœnitentiâ vel pace studeamus sanare* : qu'il nous fasse la grace de laver sans remise ces taches par des aumônes abondantes, & de guérir ces playes par le baume salutaire de la componction, *& largioribus eleemosinis festinemus abluere* : de peur que pour ne nous être pas séparez pour un temps de la communion temporelle avec la Jerusalem terrestre en ce monde, nous ne soyons rejettez de l'éternelle commensalité de la Jerusalem celeste en l'autre : *ne fortè si cum peccatorum vulneribus antè tribunal ęterni Judicis venerimus, ab illâ ęternâ Ecclesiâ, & ab illâ cęlesti Jerusalem perpetuâ excommunicatione separemur* : séparation qui n'est pas le seul supplice à craindre, mais de plus

plus d'être jettez dans cet incendie tenebreux, pour y brûler à jamais, à quoi seront condamnez ceux qui pour avoir rejetté la vie qu'on leur a offerte en ce monde, chercheront à jamais la mort en l'autre sans la pouvoir trouver; *nec hoc solùm sufficiet ad pœnam quod reprobus foris projicitur, sed insuper in tenebras exteriores, ęterno incendio concremandus excluditur, quibus in hoc sæculo vita offertur, & nolunt accipere, in inferno quęrunt mortem, & non poterunt invenire.* Au milieu donc des rigueurs qu'exerça le Seigneur sur nos premiers parens, quand il les chassa du Paradis, aussi bien que de celles qu'il exerce sur les pecheurs quand il les chasse de l'Eglise, on voit toûjours reluire des marques de sa misericorde sur l'homme, puisqu'il ne le met hors de sa maison paternelle, que pour l'obliger à reconnoître la faute qu'il a commise, & à recouvrer l'heritage qu'il a perdu. O fragilité de mes premiers parens, ou plûtôt, ô ma propre fragilité! s'écrie saint Gregoire de Nazianze, puisque je me trouve autant dans leur fragilité, que je trouve leur fragilité en moi! *ô infirmitatem meam! meam enim duco primi parentis infirmitatem!* O rigueur salutaire de la Justice divine, puisque chassant mes premiers parens du Paradis, & les condamnant à la mort, vous fîtes que le peché trouva sa mort dans la leur, & que l'homme devenant mortel, empêcha le peché d'être immortel, & retint l'esperance de ressusciter un jour à la vie, pour ne la plus perdre, & de rentrer dans le Paradis pour n'en être plus chassez: *homo tamen mortem ac peccati præcisionem elucratur ne malum immortale esset, ita pœna ipsa in misericordiam cessit.*

Orat. 38. cir. med.

PREMIERE CONSIDERATION.

La desobéïssance de nos premiers Parens les ayant privez du don de l'immortalité, le desir qu'ils avoient de vivre toûjours dont ils ne pouvoient se défaire, leur fit regarder le Mariage comme une ressource à la destruction de leur nature : ils crurent qu'ils pourroient par là comme revivre, & ressusciter en la personne de leurs enfans, & se procurer une autre espece d'immortalité, qui les consoleroit en quelque façon de celle qu'ils avoient perdüe, & dans laquelle ils trouveroient heureusement la conservation de leur sang, de leur famille, de leur nom, de leurs actions, de leurs ouvrages, de leur memoire; enfin qui les feroit subsister dans la posterité la plus reculée, malgré l'inconstance des choses humaines, & la vaste durée des siecles. Telle est la doctrine du grand saint Basile dans son livre de la Virginité : *Post prævaricationem vero mortisque sententiam, post paradisi amissionem, Adam tunc jam uxorem cognovit Evam, ut vitæ postea mortalitatem prolis successione solaretur.* Cette pretention toute vaine qu'elle fût, ne laissoit pas d'avoir son mystere, & d'être un crayon de la reparation à venir du genre humain, & de sa resurrection en Jesus-Christ, selon la doctrine des Peres : Car lorsque Dieu eut amené Eve à Adam, afin de la lui donner pour épouse, & par là d'établir, d'autoriser, d'approuver, & de sanctifier le mariage, Adam dit : voila maintenant l'os de mes os, & la chair de ma chair, & l'Ecriture ajoûte: c'est pourquoi l'hom-

Post med. p. 667.

Gen. 2. 23.

me quittera ſon pere & ſa mere & s'attachera à ſa femme, & ils ſeront deux en une méme chair. Paroles qui montrent l'étroite union du mari & de la femme, incomparablement plus intime que celle des autres animaux qui donnent la vie à ceux de leur eſpece, puiſque l'un n'a pas été tiré de l'autre, ainſi qu'Eve le fut d'Adam, pour être deſormais, non deux, mais un ſeul en une même chair, ſelon l'expreſſion du Sauveur à ce ſujet; ce qui ſans doute eſt un grand Sacrement, dit l'Apôtre, mais bien plus encore en Jeſus Chriſt: car en cela Adam fut la figure de Jeſus Chriſt, & Eve celle de l'Egliſe, tirée du côté de ſon divin Epoux endormi ſur la Croix, qui en un ſens a quitté ſon Pere, deſcendant du Ciel en terre, & ſa mere, c'eſt-à-dire, la Synagogue, au ſein de laquelle il avoit été formé ſelon la chair, pour s'attacher à l'Egliſe ſon Epouſe, & n'être qu'un ſeul tout avec elle: & c'eſt dans ce celeſte mariage que l'homme a retrouvé veritablement la vie, & recouvré l'immortalité, qu'en vain il ſe promettoit dans les mariages de la terre: *nam ſicut in Adam omnes moriuntur, ita & in Chriſto omnes vivificabuntur*: ce ſont les paroles de l'Apôtre: écoutons celles de S. Auguſtin: *dicit enim Apoſtolus ſacramentum magnum eſſe quod dictum eſt: propter hoc relinquet homo patrem & matrem & adhærebit uxori ſuæ, & erunt duo in carne una, quod ipſe interpretatur, ſubjiciendo, ego autem dico in Chriſto & in Eccleſia: ergo quod per hiſtoriam impletum eſt in Adam, per Prophetiam ſignificat Chriſtum qui reliquit Patrem, cùm dicit, ego à Patre exivi & veni in hunc mundum; & item reliquit matrem, id eſt, Synagogæ veterem atque carnalem obſervantiam, quæ illi mater erat ex ſe-*

1. Cor. 15. 22.

De Geneſ. cont Mani. L. 2. c. 24.

mine David secundùm carnem; & adhæsit uxori suæ, id est, Ecclesię, ut sint duo in carne una... & ipse separatus est dormitione Passionis, ut ei conjux Ecclesia formaretur... de latere ejus. Ne pourroit-on pas dire qu'Eve considerée comme la figure de l'Eglise, redevint par-là encore heureuse, encore digne du Paradis, encore vierge, pour s'exprimer avec Tertullien: *Eva adhuc felix, adhuc digna Paradiso, adhuc virgo.* Mais l'ancien peuple, à l'exception de quelques Prophetes, n'étoit pas ordinairement capable de ces hautes veritez, & les Juifs n'avoient dans leurs mariages que des vûës humaines, & des fins temporelles.

De vel. vir. c. 5.

C'est par cette raison que quand Eve eut mis au monde Caïn son premier-né, toute transportée de joye de voir un autre elle même dans ce petit rejetton de son être, elle dit: *je possede un homme par la grace de Dieu*: comme si ce fils eut été en quelque sorte un gage de l'immortalité de sa mere; ou eut pû l'exempter de la mort, & la vanger de cette ennemie du genre humain, en la faisant revivre, aprés même son trépas: *possedi hominem per Deum*; car, comme observe saint Chrysostome, aprés que la mort eut été introduite dans le monde, la succession des enfans fut une resource à la mortalité des peres, & la vie que les peres communiquoient à leurs enfans, une espece de dédommagement de celle que les peres perdoient: *posteaquam subintravit mortalitas, consolatio erat filiorum successio, & imago resurrectionis, ut pro cadentibus alii resurgant.* Et telle est la consolation que les miserables mortels se sont toûjours donnée au rapport de saint Augustin: cet homme n'est pas mort, disent ils, il a laissé des enfans aprés lui, il vit encore en eux : *habuit filios, non est mortuus.* *In Ps. 48, post init.*

Par une vûë plus haute, ces paroles, disent de sçavans Interpretes, contiennent une profession de foi au Redemteur avenir: car selon une version bien autorisée, le texte original porte, je possede l'Homme-Dieu, *possedi virum Dominum*: comme si Eve qui sçavoit étre condamnée à la mort, & qui craignoit que le genre humain ne mourût avec elle, transportée de joye à la naissance de ce fils, & pleine d'esperance au Liberateur futur, eût voulu dire: je tiens pour si certain à present que le genre humain ne périra pas, & que le Messie naîtra de ma posterité pour la réparer, & pour briser la tête du serpent trompeur, ainsi qu'il m'a été prédit, qu'en preuve de cette verité, je veux que mon premier-né s'apelle, le Seigneur est ma possession, *Dominus possessio mea.* Et parce que celui qu'elle donna à son second fils signifie, *affliction*, & celui du troisiéme, *réparation*, ne peut-on pas dire que ce fut-là comme un crayon prophetique de la Naissance, de la Passion & de la Résurrection du Sauveur du monde? *Vide quomodo obscurè nobis verbo (Seth) resurrectionis exordia hîc ostendit*: dit S. Chrysostome. *Ibid.*

On peut encore ajoûter qu'Eve par le discours qu'elle tint à la naissance de son fils, fit une leçon à toutes les femmes qui dans la suite des temps devoient être meres, & qu'elle leur donna l'exemple de ce qu'elles devoient faire, car c'est comme si elle eut dit, selon le même Pere; je reçois, ô mon Dieu, cet enfant, non comme un fruit de la nature, mais comme un don de votre grace : *non natura puerum mihi dedit, sed divina gratia* : le genre humain en punition de son crime auroit dû être desseché dans sa source, & extirpé dans sa racine, & c'est une misericorde, que vous en ayez souffert la propagation : Je vous offre donc, ô mon Dieu, l'enfant que je viens de mettre au monde, ou plûtôt je le remets entre vos mains, parce qu'il vous appartient plus qu'à moi : C'est vous qui me l'avez donné, Seigneur, c'est vous à qui je le rends : ne dédaignez pas, mon Dieu, d'être le pere, & de la mere & de l'enfant, comme vous êtes le Créateur de l'un & de l'autre. Toutes ces excellentes dispositions, continuë ce Saint, sont renfermées dans ces paroles : je possede un homme par la grace de Dieu : *possedi hominem per Deum.* Quel changement! Eve dans le lieu de volupté devenuë orgueilleuse, prétend trouver tout en elle ; n'être redevable à personne qu'à elle seule de son bonheur ; vivre indépendante, & posseder tout en se possedant elle-même : devenuë humble enfin par sa chûte, par son exil du Paradis, par son dénuëment des biens du monde, par les douleurs de son enfantement, elle prend des sentimens plus modestes & infiniment contraires aux premiers : elle ne s'attribuë rien ; le châtiment l'a corrigée, & l'a renduë pénitente & meilleure qu'elle n'étoit, ajoûte ce Saint : *vide quomodo pœna inflicta mulierem emendaverit, melioremque reddiderit* : elle fait plus ; car comme ce fut elle qui commit le premier peché, & qui le fit commettre à son mari, d'où comme d'une source empoisonnée il devoit se répandre sur le genre humain, & infecter tous les hommes ; aussi fut-ce elle qui la premiere par cette oblation publique, solemnelle, & religieuse des enfans qui nâquirent d'elle, apprit à ses descendans le remede au mal qu'elle leur avoit causé, puisque dans la loy de nature cette oblation des enfans tenoit lieu d'une espece de Baptême qui les purifioit de la lépre originele, & qui les aggregeoit au peuple fidele, dit saint Thomas: *Quod parentes fideles pro parvulis natis aliquas preces Deo funderent, vel aliquam benedictionem eis adhiberent, quod est quoddam signaculum fidei.* Cette ceremonie Sacramentele etant comme une déclaration, une protestation & une profession de foy au Réparateur futur de la nature humaine, ce qui sans doute venoit de l'institution d'Adam pleinement instruit du culte qu'il falloit rendre à la Divinité, & du remede qui convenoit à la maladie du peché, sans qu'il fût besoin pour lors d'aucun autre signe exterieur & sensible institué de Dieu, attendu la science & les lumieres du premier homme, ainsi que l'enseigne le même Auteur aprés les Peres: *ad primum ergo dicendum, quod immediatè post peccatum primi parentis; propter doctrinam ipsius Adę qui plene instructus fuerat de divinis, adhuc fides & ratio naturalis vigebat in homine, quod non oportebat determinari in hominibus aliqua signa fidei & salutis... ad profitendum fidem & ad minuendum carnalem concupiscentiam.* 3. p. q. 70. a. 3 ad 4. & a. 4. ad 2.

Enfin on peut trouver dans ces importantes instructions tirées des paroles d'Eve, un sujet non médiocre de consolation pour les meres pieuses, qui voyent avec regret que leurs enfans qu'elles ont si souvent & si fervemment demandez & offerts à Dieu, & si cherement élevez, ne laissent pas malgré tant de priéres, de larmes & de soins, de s'abandonner au vice, ainsi que fit Caïn, qui nonobstant l'offrande que sa mere avoit faite de ce premier-né, devint néanmoins le premier reprouvé : effet déplorable du mauvais exemple des Parens, de la corruption de la nature, & de l'infidelité à la grace. Mais comme dans l'ordre de la Providence les dons de Dieu ne sont jamais perdus, la benediction maternelle qui n'avoit pas eu de succés dans *Caïn*, en eut un heureux dans *Abel*.

Si le nom de *Caïn* qui veut dire *possession*, & qu'Eve voulut faire porter à son premier-né, fit éclater sa joye d'avoir mis au monde un enfant, & de posseder un hóme comme un riche héritage, *poßedi hominem per Deum*, il ne presagea pas moins l'inclination vicieuse & dépravée de ce même enfant à s'attacher vn jour aux biens de la terre, dont il seroit incomparablement plus possedé que possesseur. Le nom d'*Abel* qui veut dire *vanité & affliction*, fut donné à son second fils par son pere Adam, comme il y a apparence, afin de reprimer l'effusion immoderée de son Epouse, & de luy apprendre comme étant plus éclairé qu'elle, & plus profondément penetré de douleur sur leur état lamentable, qu'ils ne devoient pas regarder leurs enfans commo des richesses, ainsi qu'elle pensoit : car c'est comme s'il lui eut voulu dire : vous ne pensez qu'à des possessions & à des établissemens ; mais helas! que pouvons-nous posseder en cette terre infortunée où nous sommes releguez, nous & les enfans qui naîtront de nous, race malheureuse & mortelle, triste posterité de parens dégradez, tous également criminels & condamnez à la mort, peres & enfans? que nous reste-t-il donc, sinon d'avoüer en gemissant que toutes les possessions prétenduës de ce monde ne sont que vanité & qu'affliction d'esprit, & c'est ce que l'impieté de *Caïn*

&

& la fin prompte & malheureuse d'*Abel* justifierent bien tôt apres.

Or comme Dieu dés le commencement separa la lumiere d'avec les tenebres, *divisit lucem à tenebris*, ainsi de ces Gen. 1.14. deux premiers-nez du monde sortit une double posterité qui partagea dés lors, & qui jusqu'à la fin du monde partagera le genre humain en deux familles toutes differentes de conduite & de sentimens: *Caïn* le premier des pecheurs, & *Abel* le premier des Justes furent les peres en esprit de ces deux familles opposées, dont le divorce ne durera pas moins que l'Univers: la race de Caïn éleva les tours de la superbe Babylone, la mere des reprouvez; celle d'Abel édifia la bien-heureuse Jerusalem, la chere patrie de tous les Elûs: *hæc civitas Jerusalem initium habet ab* In Ps. 64. init. & in Ps. 142. init. *ipso Abel, sicut Babylon mala civitas à Caïn.* dit S. Augustin: les citoyens de ces deux celebres villes sont à present mêlez ensemble, *modò in hoc sæculo cives utriusque regni permixti sunt*: mais ils sont aisez à distinguer par leurs affections opposées. Les habitans de Babylone ne songent qu'à la terre, les citoyens de Jerusalem ne songent qu'au Ciel; ceux-là ne désirent que les richesses temporelles, ceux-cy ne soûpirent qu'aprés les richesses éternelles: *duo* In Ps. 5. in. *genera hominum attendite, unum de terra, alterum de Cœlo cogitantium, unum sperantium de terrenis, alterum præsumentium de cœlestibus.* Les uns ne se repaissent que de vanité, les autres ne se nourrissent que de verité: *unam fruentem Deo,* De Civ. Dei 11. 33. *alteram tumentem typho.* Jerusalem éclairée de la lumiere d'enhaut joüit d'une paix tranquille: Babylone agitée par les noires vapeurs des passions émuës, vit dans le trouble & la confusion: *illam luminosa pietate tranquillam, istam* Ibid.

tenebrosis cupiditatibus turbulentam. Les uns se regardans icy bas comme des habitans, ne travaillent qu'à s'y ménager une demeure fixe : les autres ne se considerant que comme des pelerins en ce monde, n'aspirent qu'à la celeste patrie.

Enfin pour dernier caractere, les Citoyens de Babylone ont toûjours persécuté les Citoyens de Jerusalem : les pecheurs ont haï les justes, les méchans ont affligé les bons, ceux qui vivent selon la chair ne sçauroient souffrir ceux qui vivent selon l'esprit : les superbes ne peuvent compatir avec les humbles, ni les impudiques avec les continens, ni les gourmans avec les sobres, ni les avares avec les misericor-
Ser. 73. de temp. dieux, dit saint Augustin: *Humilibus adversantur superbi, castos adulteri persequuntur, ebriosi sobrios insectantur, eleemosinarios raptores æmulantur.* Tout cela parut d'une maniere déclarée dés le commencement du monde en la personne de ces deux premiers nez. On ne sçait rien de leur jeunesse, nous apprenons seulement que Caïn se sentant de cet ancien limon dont son pere Adam avoit été formé, s'adonna à cultiver la terre, *fuit Caïn agricola,* laquel-
Gen. 4. 2. le malgré ses sueurs devoit luy produire plus de ronces que de fruits, plus de chagrins que de douceurs, & luy être une representation des inclinations basses qui l'appesentiroient vers les biens perissables de cette vie : *Pri-*
1 Cor. 15. 48. *mus homo de terra terrenus*, dit l'Apôtre, *qualis terrenus tales terreni.* Il ne songea pas que les travaux à la culture de cette terre qu'il foulloit aux pieds, n'étoient que l'ombre de ceux qu'il devoit prendre pour la culture de cette autre plus excellente terre qui n'étoit autre que luy-mê-

me, c'eſt-à-dire pour la culture ſpirituelle de ſon Ame, ſoit pour en extirper les mauvais germes que le peché y faiſoit pulluler, ſoit pour y cultiver les vertus que la grace y faiſoit naître. Cet homme terreſtre, conformement au nom qu'il portoit, dit ſaint Ambroiſe, ne penſoit qu'à poſſeder, & qu'à acquerir : *Cain dictus eſt acquiſitio quod omnia ſibi acquireret.* Ne ſe propoſant point de regles plus épurées à ſuivre que celles de ſes inclinations naturelles, il ſe maria, nouveau ſujet pour luy d'inquiétudes, de ſoins, d'attachement au ſiécle preſent, de diſtractions du culte divin, comme il parut dans la ſuite : il oublia que ſes parens auparavant leur déſobeïſſance avoient mené une vie angelique, dit ſaint Chryſoſtome: *ante inobedientiam enim angelicam vitam imitabantur* : que la virginité pour lors faiſoit la gloire de l'homme : *ab initio virginitas palmam principatus accepit* : mais qu'aprés que la déſobeïſſance les eut dégradez, la virginité, leur vraye nobleſſe, ſe retira d'eux, & les jugea indignes de ſa poſſeſſion : *at poſtquam intravit inobedientia... virginitas avolavit, utpote ab his qui indigni tantæ virtutis magnitudine facti erant.*

L. 1. c. de Cain & Ab.

Caïn fit bâtir une Ville, la premiere qui jamais ait été conſtruite ſur la terre, *ædificavit Civitatem Caïn antequam eſſet ulla civitas in primordio rerum humanarum,* dit S. Auguſtin : ſans doute pour y regner, pour y dominer, pour en faire un ſejour de richeſſes, de magnificence, de divertiſſemens, de ſpectacles, de délices, de commerce : de plus, pour immortaliſer ſon nom & ſa mémoire, il voulut qu'elle portât le nom de ſon fils; exemple de la vanité humaine qui dure & qui durera juſqu'à la fin des ſiecles,

In pſ. 61 circa init.

Ps. 48. 12. selon la parole du Prophete: *vocaverunt nomina sua in terris suis*. Rien ne montrant mieux d'ailleurs son dessein formé de se faire un établissement fixe & durable sur la terre, & d'y établir son domicile. Les descendans imiterent le pere : L'adultere, la polygamie, la simphonie, la dance, l'art de travailler le fer pour le faire servir à répandre le sang humain, les vaines parures, & l'amour lascif des femmes furent les vices qui deshonorerent la race de ce premier né des reprouvez, ainsi que l'Ecriture en fait foy.

Il n'en fut pas ainsi du juste Abel : il se fit pasteur, occupation plus relevée que celle de Caïn, dit saint Ambroise; car la vie & l'instinct dont le Createur a doüé les animaux, en rend le domaine plus estimable que n'est celuy du laboureur sur la terre, élement informe & inanimé : *plus est enim animalis quam terrenus : siquidem animalis proximus spiritali est*. (L. 1. de Cain & Abel. c. 10.) En second lieu c'estoit un domaine de preéminence & de dignité, puisque dans la premiere institution Dieu créant l'homme à son image & semblance, avoit soûmis à son empire tous les animaux, & les luy avoit donnez pour sujets : (Gen. 1. 29.) *Faciamus hominem ad imaginem & similitudinem nostram, ut præsit piscibus maris, & volatilibus cæli, & bestiis, omnique reptili.* A quoy on peut ajouter avec saint Augustin, qu'Abel par cet employ figuroit Jesus-Christ le souverain Pasteur de nos ames, qui sont ses brebis : *Christum pastorem ovium hominum, pastor ovium pecorum præfigurabat Abel.* (De Civit. L. 15. c. 7.)

Troisiémement c'estoit un domaine mysterieux qui figuroit le pouvoir que l'homme devoit exercer sur ses passions animales & sensuelles representées par les beſtes, & qui lui ſont communes avec elles, ainſi qu'enſeigne le même Saint avec les autres Docteurs de l'Egliſe: *ut omnes affectiones & motus animi quos habemus iſtis animalibus ſimiles, ſubditos haberemus, & eorum dominaremur per temperantiam & modeſtiam.* Enfin c'eſt qu'il jugea que la vie paſtorale à cauſe de ſon innocence & de ſa ſimplicité, devoit être préferable à toutes les autres. En effet, dit ſaint Bazile, l'office de berger n'à rien que d'obſcur & de vulgaire: *nihil habet magnificum*: rien qui faſſe éclater comme dans les autres arts l'induſtrie d'un habile ouvrier, *nihil quod ſapientiæ & induſtriæ referat exercitium.* Le berger ſemblable à l'homme evangelique, n'a ni greniers, ni celliers, ni reſervoirs: il ne vit que de jour à autre, & libre d'avarice, déchargé du peſant fardeau des richeſſes, il ne s'inquiette point du lendemain: *divitias neſciens, nihil amplius quotidiano victu poſſidet nullam craſtini curam gerit*: armé de ſa ſeule houlette, il n'a de guerre qu'avec les loups: *clavam geſtat, beſtiis hoſtis*: les places publiques, & le barreau, les procez & les tribunaux, le commerce & le trafic, ſont pour lui des païs inconnus, *forum ac tribunalia fugiens, & mercaturę ignorans*: il ſe contente de n'avoir ſouvent que la terre pour chevet, & que les étoilles pour ciel de lit: *noctu ad cœlum ſuſpiciens, & per aſtra conditoris admirabilem potentiam conſiderans.* Tout au plus ce ſaint Patriarche n'habita que ſous une tente convenable à un paſteur, donnant cet exemple de penitence, de modeſtie, de détachement, & d'humilité à tous les juſtes qui devoient le ſuivre, de ne ſe regarder en ce monde que comme des pelerins dans une terre étrangere, où ils ne veulent ni s'arrêter,

L. 1. de Gen. cont. Man. c. 20.

Hom. 26. de S. Mam. int.

ni bâtir des maisons, ni posseder des terres, *tanquam in aliena terra, in casulis habitando*, attendant cette Cité permanente dont Dieu même est l'architecte & l'ouvrier, & dont Adam avoit été chassé : *expectabat enim fundamenta habentem civitatem, cujus artifex & conditor Deus*. Abel choisit donc la vie pastorale pour son partage; il la préfera au bruit des Villes, il aima la solitude, lieu propre à la contemplation des choses celestes : & sans doute qu'il y gemit du peché d'Adam & de la degradation du genre humain, & qu'il y soûpira aprés la venuë du Liberateur dont il connut les grandeurs, selon saint Athanase, comme ayant reçû la dessus les lumieres de celui qui l'ayant fait naître malheureux, lui laissa pour heritage & pour consolation, l'esperance de ce desiré Réparateur qui le rendroit heureux : *eadem quoque Doctrina instructus Abel, martyrium est passus, qui quidem ipse Abel ea ab Adamo didicerat : Adamus autem ab ipso Domino, qui cum in fine sæculorum ad destruendum peccatum venisset, ait : non mandatum novum do vobis, sed mandatum vetus, quod ab initio audistis* : & nous ne devons rien penser de ce saint Patriarche que de grand; car Jesus-Christ l'appellant juste par excellence, il faut qu'il ait été revêtu d'une grace tres abondante, & animé d'une charité tres parfaite; qu'il ait possedé les vertus dans un degré éminent, & qu'il ait été enrichi de toutes sortes de bonnes œuvres; car c'est en ces dons precieux que consiste la justice qui rend l'homme agréable aux yeux de Dieu, suivant la doctrine de saint Chrysostomé : *sanctum non facit sola mundatio peccatorum, sed excellentia & eminentia quædam magna virtutum, præsentia spritus & bonorum operum opulentia.*

Epist. de decretis Syno.

SECONDE CONSIDERATION.

Abel fut donc bien éloigné de suivre les traces de son frere Caïn, ni de vouloir comme luy bâtir des villes : *Caïn condidit civitatem, Abel tanquam peregrinus non condidit, superna est enim Sanctorum civitas*, dit saint Augustin. Son troupeau luy fournit suffisamment ce qu'il falloit pour se vêtir, se loger, & se nourir ; & il n'en voulut pas davantage, accomplissant par avance ce conseil de l'Apôtre, *habentes alimenta & quibus tegamur his contenti simus* : aussi les esperances de ces deux freres figurées, & par leur nom, & par l'ordre de leur naissance, etoient bien differentes. Car de même, dit saint Augustin, que le nom de Caïn qui veut dire *possession*, & celui d'Enoch son fils qui veut dire *dedicace*, signifient que le commencement & la fin de la cité terrestre des impies, se celebrent & se terminent dans le siécle présent, sans qu'ils ayent rien à attendre au de-là, que d'aller brûler dans les flammes éternelles avec les démons ; ainsi le nom d'Abel qui veut dire *deüil*, & celui de Seth, son frere substitué en sa place qui veut dire *résurrection*, nous apprennent que c'est sur la mort & sur la résurrection du divin Réparateur, qu'est fondée la Cité spiruelle des Justes, qui regneront à jamais avec ce Roy des siecles, lorsqu'aprés cette vie temporelle le Royaume promis leur sera accordé : *sicut autem Caïn, qui interpretatur possessio, terrenæ conditor civitatis, & filius in cujus nomine dedicata est Enoch, qui interpretatur dedicatio, indicat istam civitatem & initium & finem habere terrenum, & æternum supplicium [illegible]*

De Civ. Dei 15. 1.

De Civ. 15. 17. & 18.

cum Diabolo; ita civitas ex duobus illis hominibus, Abel, qui interpretatur, luctus, & ejus fratre Seth, qui interpretatur resurrectio, mors Christi & vita ejus ex mortuis præfiguratur... quando promissum dabitur regnum ubi cum suo Principe Rege sęculorum sine ullo temporis fine regnabunt. Que si, continuë ce grand Docteur, Caïn nâquit le premier, & Abel le second, ce fut pour figurer que par notre premiere generation charnelle, nous naissons esclaves du diable, citoyens de la Babylone terrestre, condamnez à l'Enfer; & que par la seconde generation spirituelle en Jesus-Christ, nous naissons enfans de Dieu, citoyens de la Jerusalem celeste, & heritiers du Paradis: *natus est igitur prior Caïn pertinens ad hominum civitatem, posterior Abel ad civitatem Dei: sicut enim in uno homine, quod dixit Apostolus experimur, quia non primum quod spiritale est, sed quod animale, postea spiritale: unde unusquisque, quoniam ex damnata propagine exoritur, primo necesse est ut Adam malus atque carnalis, deinde renascendo in Christo bonus & spiritalis, &c.* A ces rares vertus, & à ces significations mysterieuses, Abel ajoûta le précieux ornement de la virginité, qu'il conserva dans un temps, où même l'usage du mariage interressoit la propagation du genre humain, & nous ne lisons pas dans la Genese qu'il eut d'Epouse, ni d'enfans, comme il est tres-expressément marqué au sujet des autres Patriarches, particulierement de ceux qui sont désignez par la qualité d'enfans de Dieu, & qui conservoient dans leur famille, la religion du Créateur & l'esperance du Redempteur: observation d'autant mieux fondée, que les Saints ont fait consister cette admirable Justice, en quoi sans doute consiste le caractere particulier d'Abel, nommé Juste par excellence, & honoré de cette qualité par le Fils de Dieu même, qui le designe sous ce titre glorieux; qu'ils ont, dis-je, fait consister cette justice, dans la virginité qu'il observa, dans le Sacerdoce qu'il exerça, dans le martyre qu'il endura: *tota enim justitia hæc est, virginitas, sacerdotium, & martyrium: quæ triplex justitia in Abel fuit.* Aussi lisons-nous qu'à la naissance de Seth, Adam remercia Dieu de lui avoir donné un fils en la place d'Abel, comme un second fondement ou un suplément à celui qui devoit reparer la ruine du genre humain; car le mot de Seth signifie réparation, ou résurrection: d'où l'on peut inferer qu'Abel n'avoit point laissé d'enfant qui le representât: *posuit mihi Deus semen aliud pro Abel, quem occidit Caïn*: de sorte que s'il immola des animaux, ce ne fut qu'aprés s'être immolé lui même; s'il immola une chair étrangere, ce ne fut qu'aprés avoir immolé la sienne; s'il offrit des sacrifices au Seigneur, ce ne fut qu'aprés avoir sacrifié sa convoitise: C'est pourquoi saint Augustin l'appelle à bon droit les prémices des Martyrs, ou celui qui par sa mort a le premier consacré l'état du martyre; *Abel martyrium dedicavit*: il ajoûte qu'il fut un pelerin en ce monde selon la nature, mais un citoyen de l'autre par la grace; un prédestiné & un Elû de Dieu, qui vivant selon le corps sur la terre, étoit déja selon l'esprit un habitant du Ciel: *peregrinus in sæculo isto pertinens ad civitatem Dei, gratiâ prædestinatus, gratiâ electus, gratiâ peregrinus deorsum, gratiâ civis sursum.* Si-bien que le feu exterieur qui brûla les holocaustes de son autel, ne fut que l'image de cette flamme de charité qui brûla son cœur, sans quoi son sacrifice

De mirabil. sacræ Script. c. 3.

Gen. 4. 25.

Oper. imperf. contra Jul. l. 6. c. 27.

De Civ. 15. 1.

n'eut pas été plus reçû de Dieu que celui de Caïn, dit S. Augustin: *non fuit charitas in Caïn, & nisi esset charitas in Abel non acciperet sacrificium ejus*: & parce que le Seigneur ne regarde pas l'offrande, mais le cœur de celui qui offre, il ne préfera pas les agneaux du troupeau d'Abel aux fruits de la terre de Caïn; comme si ceux-là eussent été plus précieux que ceux-cy, mais il rejetta le present de Caïn soüillé par l'envie, & il reçût le present d'Abel purifié par la charité: *quid putatis, fratres, quia Deus fructus terræ non dilexit, & foetus ovium dilexit? non intendit Deus ad munus, sed in corde vidit, & quem vidit cum charitate offerre, ipsius sacrificium respexit, quem vidit cum invidia offerre, ab ipsius sacrificio oculos avertit.* D'ailleurs le sacrifice d'Abel devint plus agréable à Dieu, parce qu'il fut comme une representation mysterieuse du sacrifice de l'Agneau sans tache immolé dés le commencement du monde, & qui devoit consommer son immolation sur la Croix dans la plenitude des temps, & faire sentir sa vertu jusqu'à la fin des siecles, ainsi qu'observe saint Ambroise: *obtulit Abel sacrificium in quo divini gratia mysterii refulgeret, prophetavit itaque nos per Passionem Domini à culpâ esse redimendos, de quo scriptum est: ecce Agnus Dei, ecce qui tollit peccata mundi: unde & de primitivis obtulit, ut primogenitum designaret.* Et dans un autre endroit ce saint Docteur ajoûte que la ruine du monde nous est annoncée dans Caïn, & la redemption du monde dans Abel: dans le premier le meurtre de l'homme par le demon, dans le second la résurrection de l'homme par Jesus-Christ, qui par l'effusion de son sang, a acquis la qualité de vrai Sauveur, non d'une partie du monde, dit

Tract. 5. in Ep. Joan.

Ibid.

L. de Incar. myst. c. 1.

ſaint Auguſtin, mais de tout l'Univers d'un bout à l'autre, *à termino uſque ad terminum*: celui qui a tant donné, a tout racheté: *totum emit qui tantum pretium dedit*, continuë admirablement ce même Pere. Voici les paroles de ſaint Ambroiſe: *in iſto mundi redemptio annuntiatur, ab illo mundi ruina: in hoc Chriſti ſacrificium, in illo diaboli parricidium.* *In Pſ. 97.* *Exhort ad Virg. c. 6.*

Pour nous faire entendre cette difference, l'Ecriture dit qu'aprés beaucoup de temps, Caïn offrit au Seigneur des fruits de la terre: *factum eſt autem poſt multos dies, ut offerret Caïn de fructibus terræ munera Domino*: cette offrande a toujours paſſé pour un ſacrifice, c'eſt à-dire, pour l'oblation d'une creature faite au Créateur en témoignage de ſa ſouveraineté, de ſon pouvoir ſuprême, & de notre dépendance: pour une ſolemnelle déclaration que Dieu eſt l'arbitre de la vie & de la mort; que nous attendons de lui la délivrance des maux, la conceſſion des biens, & notre bonheur. Or afin que cette proteſtation ait les qualitez requiſes pour être ſouveraine, & qu'il paroiſſe que Dieu eſt non ſeulement le maître de nos facultez & de nos actions, mais encore du fond de notre être & de notre vie, il eſt à propos que nous offrions & l'uſage de la choſe que nous voulons ſacrifier, & la choſe même; & que comme ſa grandeur ne peut aller plus haut, nous l'honorions par un abbaiſſement qui ne puiſſe aller plus bas: de ſorte qu'il faut non-ſeulement que l'uſage de la choſe offerte ſoit conſumé, mais de plus, que la ſubſtance même en ſoit détruite, afin que ce témoignage ſoit entier & parfait. Ainſi le ſacrifice a été inſtitué pour honorer les grandeurs de Dieu, pour le remercier de ſes bienfaits, pour impetrer ses graces, & pour appaiser sa justice, & obtenir la remission des pechez. Ce devoir de religion envers le premier Etre étoit imprimé dans le fonds de la nature humaine, & il étoit de la creature raisonnable de le rendre au Createur : *sacrificium est de jure naturali*, dit saint Thomas aprés saint Augustin. D'ailleurs l'homme agité par les secrets remords de son crime, sentant bien qu'il étoit coupable, & qu'il méritoit la mort, & ne pouvant se sacrifier lui-même, tâchoit d'appaiser la Divinité irritée en lui offrant sacrifices sur sacrifices, & en substituant sans cesse des victimes en sa place : *sacrificiorum oblatio erat quædam publica protestatio peccati*, ajoûte ailleurs le même Docteur. Il est pourtant vrai que ni l'oblation de tant de differens sacrifices, ni le sang de tant d'animaux égorgez, ne pouvoient être d'un mérite assez suffisant, pour purifier l'homme de ses pechez, lui procurer sa reconciliation avec Dieu, & lui obtenir son rétablissement dans la gloire de sa premiere dignité : il falloit le sang d'une plus noble victime. En effet, comme l'homme pecheur ne pouvoit éviter la mort, qu'en subrogeant à sa place quelqu'un qui mourût pour lui ; *animarum suarum vice alienas animas offerentes*, dit Eusebe dans sa Démonstration Evangelique : & que tant qu'il n'y mettroit que des animaux égorgez, ces sortes de sacrifices n'opereroient autre chose qu'un aveu public qu'il méritoit la mort ; & même que la justice divine ne pouvant être satisfaite d'un échange si inégal, il recommenceroit inutilement tous les jours à égorger ces victimes, puisque par là il ne donneroit qu'une marque certaine de l'insuffisance de cette subroga-

3 p. q. 81. a. 4.

12. q. 54 Ar. 3. ad 3.

C. 10.

tion ; il étoit nécessaire que le Sauveur attendu, dont Abel étoit la figure, voulût mourir pour le pecheur, afin que Dieu satisfait de la subrogation d'une si digne personne, n'eût plus rien à exiger pour le prix de notre rachat, & pour nous accorder le salut.

De tout cela, il est visible qu'un tel culte que celui du sacrifice ne doit être rendu qu'à Dieu seul, comme remarque saint Augustin : *sacrificium certè nullus hominum* L. 10. de Civ. c. 4. *est qui audeat dicere deberi, nisi Deo soli.* Car, continuë-t-il, qui jamais a jugé devoir sacrifier à quelqu'autre, qu'à celui qu'il a sçû, ou qu'il a cru, ou qu'il s'est imaginé être Dieu ? *quis verò sacrificandum censuit nisi ei quem Deum, aut* Ibid. *scivit, aut putavit, aut finxit.* Nous voyons mesme, ajoûte-t-il ailleurs, que la religion d'offrir à Dieu des sacrifices, n'est pas moins ancienne que le monde, ainsi qu'il paroît dans cet exemple de Caïn & d'Abel : *hinc hæc quæstio proposita agnoscitur, ubi scriptum est Caïn ex* Ep. 49. q. 3. *fructibus terræ, Abel autem ex primitivis ovium obtulisse munus Deo : & hinc intelligitur quàm sit res antiqua sacrificium, quod non nisi Deo offerri oportere veraces & sacræ litteræ monent.* C'est pourquoi ceux qui sont bien instruits dans la science de l'Ecriture ne condamnent pas dans les sacrileges superstitieux des Payens, la construction des Temples, l'institution du Sacerdoce, ni l'oblation des Sacrifices, prises en elles-mesmes ; mais ils les blâment de ce qu'ils rendent ce culte qui n'est dû qu'au vray Dieu, aux Idoles & aux Demons : *quapropter qui Chri*- Ibid. *stianas litteras utriusque Testamenti sciunt, non hoc culpant in sacrilegis superstitionibus Paganorum, quòd construant Templa, & instituant Sacerdotia, & faciant Sacrificia ; sed quòd hæc idolis & dæmoniis exhibeant.*

Ainsi comme les exemples de Cain & d'Abel dont le sacrifice du premier fut rejetté, & celui du second accepté, font voir ces importantes veritez, il est bon de les examiner icy : *quàm porrò antiquus sit in sacrificando Dei cultus, duo illi fratres Caïn & Abel satis indicant, quorum majoris Deus reprobavit sacrificium, minoris respexit*, dit saint Augustin : il n'est pas possible d'aller plus haut que cela : car quoiqu'Adam ait été éclairé de tous les devoirs de la creature envers le Créateur, & qu'il en ait sans doute instruit ses enfans, on ne lit pas neanmoins qu'il ait lui-mesme offert des sacrifices : son peché une fois commis se répandoit & se multiplioit actuellement, & sans cesse dans les enfans qui venoient au monde : & par consequent son état de pecheur & de pénitent ne sembloit pas convenir à la dignité du sacerdoce, ni devoir être la source de la sanctification du genre humain, aprés avoir été la cause de la corruption du genre humain, dit S. Thomas : *Adam non legitur sacrificium obtulisse, ne, quia in ipso notatur peccati origo, simul etiam in eo sanctificationis origo significaretur.*

De Civ. L. 10. c. 4.

3. p. q. 85. a. 1. ad 2.

Pour Caïn, saint Ambroise remarque deux déffauts dans son sacrifice: le premier de ce qu'il tarda trop long-temps à rendre ce culte à Dieu : le second de ce qu'il ne lui offrit pas les premices, ou les plus beaux, les meilleurs, & les plus exquis de ses fruits, la fleur des productions de la terre qu'il avoit cultivée : *duplex culpa, una quod post multos dies obtulit, altera quod non ex primis fructibus.* Car celui qui differe long-temps, refuse long-temps, & ne veut pas fortement : & celui qui ne donne pas le

L. de Caïn & Abel c. 7.

meilleur à Dieu, ne l'aime pas aſſez, & s'aime trop lui-même : *hoc eſt primitias ſibi priùs vindicare, Deo autem ſequentia deferre* Voila quel fut le premier exemple, du moins aprés Adam, de l'injuſte preference que les méchans donnent à la creature, & à eux-mêmes, dans leur eſtime, leur attachement & leurs devoirs au prejudice du ſervice de Dieu, qui doit toûjours aller le premier. Ibid. c. 10.

Il ſeroit ridicule de s'imaginer qu'il pût venir dans l'eſprit de quelqu'un, que le Seigneur ait beſoin des offrandes qu'on lui fait; penſée auſſi folle qu'impie : *Quis ita deſipiat*, dit ſaint Auguſtin ? Ce ſouverain Maître abſolu de tout, riche en lui même, n'a pas beſoin des preſens que lui offre l'homme, ni même de la juſtice de l'homme qui les lui offre, c'eſt-à-dire de l'honneur que lui rend l'homme par ſon culte, en obeïſſant à ſes Loix, & en lui marquant ſon zele, *non ſolum igitur pecore, vel qualibet alia re corruptibili atque terrena, ſed ne ipſa quidem juſtitia hominis Deum egere* : au contraire quand l'homme donne quelque choſe à Dieu, c'eſt l'homme qui ſe donne à lui même, c'eſt ſon intereſt, ſon utilité, ſon bonheur, ſa propre gloire qu'il ſe procure; quand il offenſe Dieu, il ſe donne la mort à lui-même, *totumque quod rectè colitur Deus, homini prodeſſe, non Deo.* Dieu n'a rien fait dont il eût beſoin, ni dont il attendît quelque choſe qui lui manquât : également heureux & parfait avant & aprés la production de ſes creatures, & independemment de leur être ou de leur néant; auſſi riche avant de les avoir faites, qu'il l'a été aprés avoir achevé de les faire, & qu'il l'eût été quand même il ſe fût abſtenu de les faire : d'ailleurs ce qu'on lui preſente exte-

De Civ. Dei 10. 5 · Ibid · Ibid.

rieurement ne lui eſt agreable qu'entant qu'il eſt un ſigne & un témoignage de l'interieur religieux, & plein de foy de celui qui le lui preſente, & dont l'offrande exterieure tire tout ſon mérite & ſon prix. *Exterius ſacrificium quod offertur, ſignum eſt interioris ſacrificii quo quis ſeipſum offert Deo*: dit ſaint Thomas apres ſaint Auguſtin: De ſorte que l'interieur n'y étant point, le ſacrifice exterieur n'eſt qu'une pure ceremonie vuide & trompeuſe, étant deſtituée du ſacrifice interieur: *ſacrificium ergo viſibile, inviſibilis ſacrificii ſacramentum, id eſt, ſacrum ſignum eſt.* Telle étoit l'oblation de Caïn que Dieu par conſequent ne regarda pas, *ad Caïn vero & ad munera ejus non reſpexit*, parce qu'elle ne meritoit pas de l'être. Car comment faire agréer une hoſtie pacifique avec la haine dans le cœur, dit ſaint Bernard? *quomodo hoſtia pacifica ubi tam ſæva diſcordia?*

Ibid.

Ser. 24. in Cant.

Il n'en alla pas ainſi du Juſte Abel: il offrit au Seigneur les premiers nez de ſon troupeau, & tout ce qu'il y avoit de plus excellent & de meilleur en eux, *Abel quoque obtulit de primogenitis gregis ſui & de adipibus eorum*: ſon offrande exterieure ne fut que l'image de ſa religion interieure, d'où vient qu'il eſt écrit, comme l'obſerve ſaint Gregoire, que Dieu regarda premierement Abel, & enſuite ſes preſens, ainſi qu'il avoit fait à l'égard de Caïn, pour montrer que le Seigneur n'agreoit pas Abel à cauſe de la richeſſe de ſes dons, mais qu'il agreoit les dons à cauſe des riches diſpoſitions d'Abel, & qu'il rejettoit les preſens exterieurs de Caïn, à cauſe des vicieuſes inclinations de ſon cœur dont ils étoient les vils ſimboles: *ex dantis quippe corde id quod datur aut accipitur*

Gen. 4. 4.

L. Moral. 22. L. 8.

cipitur; idcircò non Abel ex muneribus, sed ex Abel munera oblata placuerunt, priùs enim ad eum legitur respexisse, qui dabat quam ad illa quæ dabat.

Mais outre les dispositions interieures qui rendoient le sacrifice d'Abel agreable au Scrutateur des cœurs, il lui devint encore precieux par les mysterieuses significations qu'il renfermoit: car l'espece de victime qu'Abel immola sur son autel, representa l'Agneau sans tache immolé sur le bucher de la Croix; & le ministere qu'il exerça dans cette oblation, fut l'image du Sacerdoce de la nouvelle Alliance, & de la Foi de l'Eglise, selon les Peres: Abel lui même representa Jesus Christ Prêtre & Victime tout ensemble, immolé par le Juif son frere selon la chair: *Abel sacerdos & victima, immolator & Hostia, Antistes & Holocaustum, Deo summo effectus est*, dit saint Chrysostome: Cain au contraire par les presens terrestres qu'il offrit, & par le meurtre qu'il fit de ce premier juste du monde, fit voir ses inclinations basses, & sa religion interessée, & figura l'impieté à venir du Juif homicide: de sorte que, & par ce qu'il étoit, & par ce qu'il representoit, il merita que le Seigneur rejettât son offrande, dit saint Augustin: *Cain sacrificium ex terræ fructibus reprobatur, Abel autem sacrificium ex ovibus suscipitur, ita novi testamenti fides, terrenis operibus anteponitur... occiditur Abel minor natu à fratre majore natu: occiditur Christus Caput populi minoris natu, à populo Judæorum majore natu: Ille in campo, Iste in Calvariæ loco.* Saint Ambroise nous enseigne la même doctrine, en nous assurant que Caïn fut la figure de la Synagogue, & Abel celle de l'Eglise; que le premier representa le

Ser. de Mar. Tome 3 pag. 8.4.

Lib. 12. [illegible] c. 8. & 12.

*** Aaa

Juif fratricide, & que le second figura le Chretien fidele : *hæc figura Synagogæ & Ecclesiæ in his duobus fratribus antepręcessit, Cain & Abel : per Cain, parricidialis populus intelligitur Judæorum, qui Domini & auctoris sui, & secundùm Mariæ partum fratris, ut ita dicam, sanguinem persecutus est : Per Abel autem intelligitur Christianus adhęrens Deo.*

L. 1 de Cain & Ab. c. 2.

TROISIE'ME CONSIDERATION.

Quoi que l'Ecriture ne marque point en particulier la maniere dont le Seigneur regarda favorablement le sacrifice d'Abel, *& respexit Dominus ad Abel & ad munera ejus, ad Cain vero & ad munera ejus non respexit*; il est néanmoins certain, qu'outre l'excellence des victimes offertes avec ce qu'elles avoient de meilleur, & le cœur religieux avec lequel il les offrit, & que Dieu, dit saint Chrysostome, benit & approuva, *quia pretiosa, eximia, & immaculata, & undequaque pretiosa, tum ob mentem ejus qui obtulerat, tum quod primogenita erant, & ex illis electissima, & ex adipibus ipsis, hoc est ex optimis optima, tum quia sano & sincero animo recta intentione & sincera mente obtulerat* : Il est certain, dis-je selon les saints Docteurs, que ce regard favorable de Dieu a pû se manifester par quelque signe exterieur & sensible, *signo aliquo visibili*, dit saint Augustin. Saint Jerome suivant les plus anciennes traditions, & interpretations reçûës dans l'Eglise, écrit que ce fut par le moyen d'une flâme qui venant du Ciel consuma l'offrande d'Abel, & non celle de Caïn, ce qui n'est pas sans exemple dans l'Ecriture : *& inflammavit Dominus super Abel, & super sacrificium ejus*.

Gen. 4. 4.

De Civit. 15. 7.

in Gen. init. L. qq. Heb.

super Cain vero & super sacrificium ejus non inflammavit : ignem ad sacrificium devorandum solitum venire de coelo, & in dedicatione templi sub Salomone legimus, & quando Elias in monte Carmelo construxit altare. Saint Chrysostome est du même sentiment sur ces paroles de saint Paul : ce fut par la Foy qu'Abel offrit à Dieu une plus abondante & plus excellente hostie que Cain : *fide plurimam hostiam Abel quam Cain obtulit Deo*, & que par le merite de cette oblation, il acquit le titre de juste par excellence, Dieu lui-même rendant témoignage que son sacrifice lui étoit agréable, *per quam testimonium consequutus est esse justus, testimonium perhibente muneribus ejus Deo* : car comment est ce, dit ce Pere, qu'Abel en vertu de ces dons reçût ce témoignage avantageux de la part de Dieu, qu'il étoit juste, sinon par le feu qui descendit du Ciel, & qui consuma les victimes qu'il avoit presentées au Seigneur ? *quomodo autem aliter quoque accepit testimonium quod sit justus ? dicitur ignis descendisse & assumpsisse ejus hostias : nam pro eo quod est, ad Abelem aspexit & ad ejus sacrificia, Dominus incendit, dixit.* Saint Cyrille d'Alexandrie enseigne la même chose en ces termes : *ignis itaque cœlitus descendens, Abelis munera absumpsit.* Glaph. l. 2.

Un si merveilleux signe de la pieté d'Abel, & une si éclatante distinction, excita la colere de Cain : la tristesse, compagne inseparable de l'envie se répandit sur son visage, *iratusque est Cain vehementer, & concidit vultus ejus* : au lieu de reconnoître sa faute, & de recourir à la penitence, il s'indigna, & de ce que le sacrifice de son puîné avoit été reçû, & de ce que le sien avoit été rejetté, dit saint Chrysostome, *duplex illi tristitia fa-*

cta est, & quòd solus ipse repudiatus fuit, & quòd fratris donum acceptum fuit. Le Seigneur à qui l'obstination dans le peché déplaît encore plus que le peché même, *non tam nos aversatur ob delictum, quàm quando perseveramus in delicto,* voyant que ce rebut n'ouvroit pas les yeux à Cain, loin de l'abandonner, lui tendit la main, pour l'empêcher de tomber dans le précipice, & l'obliger à se reconnoître, *non despexit, sed manum illi quasi in præceps ruenti porrexit* : & il lui dit d'une maniere, & sous une forme que nous ne devons pas curieusement rechercher, contens de sçavoir que l'Ecriture exprime les choses divines d'une façon convenable & proportionnée à notre nature, sans quoi nous ne les entendrions pas : *Deus locutus est ad Cain eo modo quo primis hominibus per creaturam subjectam velut eorum socius forma congrua loquebatur* (c'est saint Augustin) : Dieu lui dit : d'où vient cette colere ? pourquoi ce visage abbatu ? *quare iratus es, & cur concidit facies tua* ? si vous faites bien, n'en serez-vous pas récompensé ? *nonne si bene egeris, recipies* ? & si au contraire vous faites mal, le peché suivi de la peine ne sera-t il pas aussi-tôt à votre porte ? *si autem malè, statim in foribus peccatum aderit* ? c'est ainsi que le Seigneur vouloit, & par l'amour de la récompense, & par la crainte du supplice, retenir dans le devoir ce malheureux qui méditoit un funeste dessein : de plus, pour prévenir l'erreur qui pouvoit naître dans l'esprit de Cain que sa jalousie poussoit comme par force à commettre le meurtre de son frere, le Seigneur ajoûta que malgré la violence des tentations & des inclinations au peché, sa convoitise luy seroit soûmise, *sub te erit appetitus*

Ibid.

De Civ. 15. 7.

ejus, & tu dominaberis illius; si aidé de la grace, & y étant fidele, la partie superieure dominoit la partie inferieure: *si adjutus indulgentiæ gratia, ipse peccato suo dominaretur*, selon que l'interprete saint Augustin, de sorte qu'il n'auroit aprés cela qu'à s'imputer à lui-mesme & à sa propre malice, s'il commettoit le crime, & s'il s'y laissoit aller, la tentation étant ainsi soûmise à la raison, & non la raison à la tentation; la chair à l'esprit, & non l'esprit à la chair: *non quæ mentem debeat trahere, sed cui mens debeat imperare, eamque ab illicitis operibus ratione cohibere... ut subditæ (carni) ratio dominetur*: ou qu'autrement, s'il ne correspondoit pas à tant de secours, lui seul deviendroit l'auteur de sa perte, ajoûte saint Ambroise, *Tu princeps operis tui, tu dux criminis, non te invitum, non imprudentem error attraxit, &c.* Ce qui une fois annoncé au premier des pecheurs, regarde tous les autres en general & en particulier dans la suite des siécles, à chacun desquels on peut dire avec le mesme saint Ambroise: *in te revertitur crimen quod à te capit: non habes in quo necessitatem magis, quàm mentem tuam arguis, in te retorquetur improbitas tua, tu princeps es illius*: verité que saint Augustin enseigne au mesme endroit cité contre Fauste au sujet du peuple Juif infidele à la grace, & representé par Cain, *eidemque peccato quamdiu esset in hoc mortali corpore, per spem gratiæ, liberi dominarentur*: C'est-à-dire: que ce peuple auroit dominé sur le peché, & joüi de la liberté des enfans de Dieu, s'il avoit fait un bon usage des moyens que la Providence lui offroit. Enfin, saint Thomas conclut de ce passage l'exemption de necessité dans Cain & dans tout homme-

L. 12. cont. Faust. c. 9.

De Civ. 15. 7.

L. de Cain & Abel c. 9.

ibid.

Supra.

1. 2. q. 10. a. 3.

me qui fait mal : *sed contra est quod dicitur, Genescos quarto, subter te erit appetitus tuus, & tu dominaberis illius: non ergo voluntas hominis de necessitate movetur ab appetitu inferiori.*

Que de moyens de salut offerts & rejettez ? cet obstiné resiste à tout, aux promesses, *nonne si bene egeris, recipies?* aux menaces, *si autem malè, peccatum in foribus aderit:* aux avertissemens exterieurs & tendres de son Pere celeste : *dixit Dominus ad eum, quare iratus es & cur concidit facies tua?* aux graces interieures de celui qui porte sur ses lévres la loi & la misericorde ; la loi par laquelle il commande, la misericorde par laquelle il donne la vertu de faire ce qu'il commande : *legem, quia jubet, misericordiam, quia adjuvat ut fiat quod jubet*, dit saint Augustin : joignez à cela la force & la facilité de vaincre la tentation qui lui fut conferée par la soûmission de la partie inferieure à la partie superieure; *sed subter te erit appetitus tuus, & tu dominaberis illius:* mais rien ne pût flechir ce rebelle, il ne daigna pas seulement répondre au Seigneur, & il ne songea qu'à executer promptement son cruel dessein. Considerez, mon cher Frere, dit saint Chrysostome, considerez l'infinie bonté du Seigneur, qui voyant le pecheur attaqué par la tentation, ne dédaigne pas de lui parler avec charité, de lui presenter des remedes pour le secourir dans sa foiblesse, & des forces pour le retenir dans sa chûte : *vide quomdo pro sua benignitate congrua remedia apponit, ut statim educatur, & aquis non obtegatur* : qui luy-même le porte à reconnoître sa faute, car c'est comme s'il lui eut dit : Le châtiment de votre crime n'est pas encore tombé sur votre teste, je vous montre seulement l'énormité de votre damnable résolution, & je vous avertis de la quitter : que si vous le faites, vous expierez le peché que vous avez conçû, & vous éviterez la punition qui vous menace : *ostendo delictum, & consilium offero, quod si accipere volueris, & peccatum emendabis, & te ipsum gravioribus malis non involves*; car je suis celui qui ne veut pas la mort du pecheur, mais plûtôt qu'il vive & se convertisse : ne vous rangez donc pas ainsi volontairement sous la tyrannie du demon, *nec te ipsum maligno dæmoni captivum tradas.* De cette sorte Dieu n'oublia rien pour le porter à bien faire, & pour l'empécher de se perdre & de se précipiter dans l'abîme du noir attentat qu'il méditoit, mais il rejetta tout, *sua omnia faciens, tametsi ille repulso medicamento in fratricidii profundum se præcipitarit.* Cain fermant donc l'oreille à la voix de Dieu, & voulant au plûtôt executer son pernicieux dessein, contrefaisant le doux & le pacifique, dit à son frere Abel : sortons dehors, *dixitque Caïn ad Abel fratrem suum : Egrèdiamur foras* : de quel endroit le vouloit-il faire sortir ? étoit-ce de la ville qu'il avoit déja bâtie, selon quelques Interpretes, & laquelle, comme ecrit Joseph dans l'Histoire des Juifs, chez qui les Traditions les plus reculées se conservoient, estoit peut-être déslors, ou du moins le fut bien-tôt aprés une retraite de voleurs, de meurtriers & de scelerats ? *primus Cain parricida extruxit civitatem*, dit saint Jerôme, *in nomine filii sui Enoch, quæ scelere, & sanguine, & parricidio fabricata est* : mais non, ainsi que le conjecture saint Chrysostome, ce fut de la maison paternele, dont Cain voulut tirer Abel : *egrediamur foras.* Que faites-vous, ô assassin dénaturé ! s'ecrie ce Saint ? vous arrachez

Jos. 1. 2.

In cap. 1. *Ezech.*

l'enfant d'entre les bras du pere, pour le massacrer, sans considerer qu'il est sorti du même sein dont vous êtes sorti vous-même! *quid facis, ô Cain, non cogitas quod eodem quo tu, utero natus est, & foras à paternis ulnis abducis?* sans considerer l'horrible desolation où votre crime va jetter votre pere & votre mere, par l'affreux spectacle que vous allez présenter à leurs yeux? *quos tantâ moestitiâ affligere deliberas, actor terribilis tragoediæ, ut primus eis violentam mortem ostendas?* spectacle non encore vû sur la terre; car quoique l'arrest de mort ait été déja porté contre le genre humain en general, cependant il n'a pas encore été éxecuté contre aucun homme en particulier, *neque enim mortis speciem sciebant, tametsi lata esset sententia*, ajoûte S. Chrysostome: & vous allez être le premier homicide du monde aprés le démon; car ne voyez vous pas que la même envie qui porta cet esprit meurtrier à donner le coup mortel à votre pere, est la mesme qui vous porte à tuer votre frere, & qu'ainsi lui étant associé dans le même crime, vous luy serez & associé dans le même jugement, & enveloppé dans la mesme punition & la même malediction: *Cain maledicto diaboli adæquatus est: est enim jam à principio designatus homicida*, dit S. Hilaire.

Ibid. — *Ibid.* — *Hom. 21.* — *In psal. 119 init.*

Tant de raisons ne purent toucher ni attendrir Cain; il conduisit son frere qui ne se doutoit de rien & qui ne se défioit nullement de luy, dans un champ, peut-être cultivé de sa main, sous prétexte de la promenade, ou de luy en faire voir la fertilité, & là ce furieux se jetta sur luy, & le massacra: *cùmque essent in agro, Cain consurrexit adversus fratrem suum Abel, & interfecit eum.* Que de crimes en un! il tua un homme, voilà un meurtrier; un un frere, voilà un parricide; un innocent, voilà un barbare; un juste & un saint, voilà un impie; un Prestre, voilà un sacrilegue: il luy tend des pieges pour le perdre, voilà un traître & un perfide. Joignez à cela, dit S. Jerôme, son audace à nier son crime; son dessespoir, quand il en fut convaincu; son impenitence, car quoique devenu vagabond sur la terre, il ne donna cependant aucune marque de repentir pendant toute sa vie, qui fut longue & malheureuse: *quòd procaciter negaverit, dicens, nescio, numquid custos fratris mei sum? quòd se ipsum damnaverit, dicens, major culpa mea est quàm ut dimittar: quod nec damnatus egerit pœnitentiam.* Enfin, il fut l'auteur d'un effroyable scandale, car il donna le premier le mauvais exemple aux hommes de se tuer les uns les autres, sans l'avoir appris d'aucun autre, dit S. Chrysostome; & ce champ où il tua son frere, fut le prelude d'un nombre infini de champs de bataille, où dans la suite des siécles l'on a répandu à torrens le sang humain pour des interêts ordinairement tous terrestres: *Cain non injuriatus injuriam perpessum occidit, nec exemplo aliorum concitatus, sed primus inventor sceleris, aliisque se ad exemplum proposuit,* dit S. Chrysostome: quelle difference? Abel sans avoir aucun modele donna le premier exemple de souffrir, *Abel ante nullius exemplum prior dedicavit martyrium:* Cain sans aucun modele, donna le premier l'exemple de tuer même les innocens: *Abel nullâ causâ cruciatus est, nisi quia justus erat,* dit saint Chrysostome: que dire donc de la ferocité de Cain? il tua son frere qui ne l'avoit jamais offensé; que dire de son inhumanité, il laissa le corps de son frere sans sepulture, exposé aux bêtes, &

Ep. Damasi Papæ q. 1.

Hom 17. in Matt.

Ser. de Mar. 3.

L. 2 de Prov.

il fallut que la terre lui ouvrît son sein pour en recevoir le sang, & lui servir d'un second sein maternel : *quæ aperuit os suum & suscepit sanguinem fratris tui de manu tua* : il répandit en abondance un sang qui devoit luy être si cher ; il tua un frere doux & patient, sans que ce frere le repoussât, ni qu'il se défendît contre lui, *Abel occisus à fratre scribitur, & non legitur reluctatus*: dit S. Gregoire: il le tua uniquement en haine de sa pieté, de ce qu'il servoit le Seigneur avec un cœur pur & religieux, de ce que Dieu l'aimoit ; car c'est la raison que nous en rend le Disciple bien-aimé : *non sicut Caïn qui ex maligno erat, & occidit fratrem suum, & propter quid occidit eum ? quoniam opera ejus maligna erant, fratris autem justa*. En quoi il fut le premier persecuteur de Jesus-Christ, comme Abel en fut le premier Martyr, dit saint Cyprien. Imitons, mes tres-chers Freres, le juste Abel, disoit ce grand Evêque aux Fideles persecutez de son temps, imitons le Juste Abel qui le premier consacra l'état du martyre, ayant été tué en haine de la justice, *imitemur, fratres dilectissimi, Abel justum, qui initiavit martyria, dum propter justitiam primus occiditur* : joignez encore à cela son esprit d'arrogance, de mensonge & d'erreur ; car le Seigneur lui ayant demandé où etoit son frere : *ubi est frater tuus* ? il répondit fierement je n'en sçay rien : *nescio*, comme s'il eût cru pouvoir cacher son crime à celui qui est par tout, qui voit tout, qui sçait tout : c'est ainsi que le demon toûjours superbe, interrogé du Seigneur, s'il avoit consideré le saint homme Job, répondit arrogamment : est-ce que Job sert Dieu pour rien ? Mais il ne faut pas s'étonner du mélange de tant de tant de vices ensemble :

Hom. 3. in Ez. ch.

Jo. 3. 12.

Adam ne crut il pas ſe derober aux yeux de Dieu, en ſe cachant dans un bois obſcur? & en general, n'eſt il pas ordinaire que les lumieres de la foy s'obſcurciſſent dans l'eſprit de celui qui éteint le feu de la charité dans ſon cœur? ainſi que fit Caïn, premier auteur de cette maxime, qu'il n'étoit pas le gardien de ſon frere: *num cuſtos fratris mei ſum ego?* quoique le Createur ait gravé dans le cœur de l'homme une maxime contraire, & qu'il ait ordonné qu'on la gravât dans ſa loi pour n'en être jamais effacée, *& mandavit illis unicuique de proximo ſuo.* Eccl. 17. 12.

Au reſte, on peut dire que Dieu dans ce premier exemple fit voir à tous les ſiécles avenir, & *ſa bonté*, à vouloir détourner les méchans des crimes qu'ils méditent; & *ſa Providence*, à vouloir préſerver les bons du mal qui les menace; & *ſa juſtice*, à vouloir punir ceux qui repandroient le ſang humain; & *ſon zele*, à vouloir vanger les bons perſecutez par les méchans; & *l'équité de ſes jugemens*, en abandonnant ceux qui l'abandonnent: cet endurci n'en eſt-il pas une preuve terrible? puiſque chaſſé de devant la face du Seigneur; déchiré par de cruels remors de conſcience; frappé d'un tremblement affreux de tous ſes membres, dont la vigueur avoit été l'inſtrument d'un ſi deteſtable meurtre; effraié par l'image tragique du ſang de ſon frere qui le pourſuivoit par tout, & qui crioit vangeance contre luy, lui diſant ſans ceſſe, pourquoy m'as-tu tué? cependant il ne donna aucune marque de repentir: Dieu luy demanda: où eſt Abel votre frere? *ubi eſt Abel frater tuus?* non pour aprendre de Caïn ce qu'étoit devenu Abel, loin de nous une telle penſée, mais pour luy remettre devant les yeux le crime qu'il avoit commis, & l'obliger à s'en repentir, dit S. Chrysostome, *præparans ut ad peccati confessionem adduceretur, possetque veniam forte & misericordiam assequi.* Car comme observe saint Ambroise, l'humble aveu du

L. 2. de Cain c. 9.

peché est une portion de la penitence, *pœnitentiæ portio crimen fateri.* La confession du coupable confessant sa faute, amollit la rigueur du Juge: *mitigat judicem pudor reorum.* Cette interrogation touchante auroit donc dû luy inspirer du regret, accompagné de confiance en la misericorde divine, & de l'esperance du pardon, sur tout à ne pas rejetter son crime, ni sur Dieu, ni sur aucune necessité qui l'y eut engagé, mais uniquement de l'attribuer à sa propre malice: *vult Deus illum provocare ad pœnitentiam de se sperari indulgentiam, demonstrare quod non sit auctor peccati... non decreti, aut operis necessitatem:* mais cette douceur ne gagna rien sur cet esprit inflexible.

De plus, dit saint Ambroise, Dieu ne voulut pas le punir sur le champ, non seulement pour apprendre aux Juges à ne pas aller vîte dans la condamnation des criminels, & à ne rien précipiter, quand il s'agit de les en-

Ibid. c. 10

voyer au suplice, *ne si continuò vindicatum esset in reum, judices quoque in vindicando nullam patientiam moderationemque servarent, sed statim reos suplicio darent... ne quis præproperè raperetur studio vindictæ, & ipsa deliberationis immaturitate puniret innoxium, aut pœnam acerbaret:* au contraire, il le laissa joüir d'une longue vie, sans permettre qu'on la lui abbregeât par un meurtre semblable à celui qu'il avoit commis, ainsi que Caïn le craignoit, afin de lui donner tout loisir de rentrer en lui-même, & luy ôter le pretexte de dire que s'il avoit vécu plus long temps, il se seroit converti, continue ce Pere: *ut usque ad naturalem terminum mortis suæ, agendæ habebat spatium pœnitentiæ, aut excusare quod se redemisset, vel sera actione pœnitenti, nisi eum præmatura pœna rapuisset.* Cependant cette longanimité fut inutile à ce méchant.

Enfin, le Seigneur ordonna que Caïn vécut longtemps sur la terre, afin que la longueur de son supplice même temporel, égalât la longueur de sa vie, & l'obligeât sans cesse à se souvenir de son crime, qu'il fût un spectacle d'horreur à ceux qui le verroient, & qu'il servit d'exemple à la posterité du suplice que merite le peché qu'il avoit commis: *extendam enim vitam tuam majorque & inde dolor erit, & relinquam te posteritati magistrum, ut tui spectaculum sit illi admonitio, & castigatio, nullusque exemplum tuum sequatur*, ainsi qu'ajoûte saint Chrysostome: & parce qu'il avoit abusé de ses forces pour massacrer violemment son frere, Dieu voulut qu'il fût agité d'un tremblement universel de tous les membres de son corps: *quia enim*, ajoûte ce même Pere, *abusus es robore corporis, & membrorum viribus, propter hoc continuum hunc tremorem & motum tibi infero, ut non solùm ipse habens ingem admonitionem & memoriam hujus nefarii sceleris: sed ut omnes qui te vident, viso te, quasi clara illis voce annuntiaretur, discant ne talia audeant: & poena tua alios doceat, omnes ne ultra tali sanguine terram incestent: & præterea non brevi te morte plectam, ut ne factum oblivioni tradetur, sed vitam morte graviorem sustinere te faciam, ut per hec discas qualia perpetraveris.* Mais tant de remedes presentez à Caïn furent sans succès; il les rejetta tous, dit S. Chrysostome: accusé, convaincu, condamné, puni, rien ne lui fait lever les yeux au

Ciel : *ipse verò medicinam rejecit post sententiam, post finem, post omnia, postquam clara voce accusatus à sanguine in terra jacentis confitetur, nihilque inde lucri facit.* Quel horrible endurcissement! voici, dit il à Dieu, que vous me chassez de devant vous, que vous m'excluez de votre protection & de vos soins paternels, quiconque me trouvera donc, me tuëra? ô aveuglement impie, s'écrie saint Ambroise! il craint la mort temporele de son corps, & il ne songe pas à la mort spirituele de son ame: *præsentem mortem veretur, perpetuam negligit : divinum judicium non reformidat, interitum solum corporis deprecatur : perpetuis supliciis obnoxius, non remitti sibi* Lib 2. c. 9. & 10. *poenam poposcit, sed vitam corporis hujus obsecrandam putavit, inqua plus ærumnæ est quàm voluptatis.* Il craint des maux qui passent, & il n'apprehende pas des suplices qui demeurent : il craint la colere méprisable des hommes, & il compte pour rien la colere redoutable de Dieu : il craint que les bêtes feroces ne le dévorent, & il ne craint pas que les demons le déchirent dans l'enfer : en un mot, il ne songe qu'à ce monde, & point du tout à l'autre.

Ainsi mourut le premier des Elus : ainsi prévalut contre le Juste le premier des réprouvez : ceux-cy peuvent bien à la verité souvent en cette vie opprimer les bons, survivre à leur mort, s'emparer de leurs biens ; s'enrichir de leurs dépoüilles ; se bâtir sur leurs ruines des Palais, des Maisons de plaisance, & des Villes mêmes entieres, à l'imitation de Caïn, comme pour se donner un azile contre les clameurs de leur conscience toujours allarmée : mais que feront ils pour se mettre à l'abri des tourmens éternels préparez aux impies! pour empêcher que leur mémoire ne soit à jamais détestée, au lieu que la memoire des bons sera toujours en benediction, & que leur bonheur ne finira point : *enim verò*, ajoute saint Chrysostome, *Abelis quidem est regnum cælorum, & perpetua habitacula, & chori Patriarcharum & Apostolorum, & omnium Sanctorum congregatio illum suscipient, simul in immortalitate regnaturum, in Christo Jesu Domino nostro, unigenito Dei filio : hujus autem, Caïn, gehenna ignis, aliaque immortalia omnia tormenta ipsum excipient, ut puniant in infinita sæcula, & cum illo omnes qui similia egerunt.* Hic.

Aussi le même Pere observe que toute la genealogie de Cain s'est perduë, & confonduë parmi les nations reprouvées, *quasi reprobas factas neque memoria dignas*, & que celle de Seth s'est conservée, & sera à jamais benie : *in omni terrarum orbe canitur & celebratur Abel, Caïn vero detestatur*, dit ce même Pere, que l'on ne se souvient pas plus des enfans de Cain que s'ils n'avoient jamais été, *quasi nunquam vixissent* : au lieu que la mémoire d'Abel s'est conservée jusqu'à nous, & qu'elle sera celebrée à jamais parmi les élûs qui chanteront ses loüanges dans tous les siécles, *ex eo tempore usque ad nostrum, omnium decantatur ore*. Le temps n'a pû diminuer le crime de l'un, ni amoindrir la pieté de l'autre : *& neque tempus hujus memoriam extinxit, neque illius crimen imminuit.* Voyez la difference de la vertu d'avec le vice : *vidistis quantum malitiæ damnum, & quantum virtutis robur* : & combien l'une est digne de loüanges, & l'autre de blâme : *sed hic quotidie prædicatur, & ille continue infamatur.* Considerez encore l'énormité du peché de Cain, d'avoir affligé celui qui lui avoit donné la vie, lequel étoit deja assez affli-

Orat. quòd nemo lædi tur.

Hom. 21.

gé d'avoir lui-même encouru la peine de la mort; quel redoublement de douleur pour lui, de voir son propre fils donner la mort à son frere? de voir de ses yeux, & pour la premiere fois l'objet hideux de la mort introduit dans le monde, & d'une mort violente, & d'une mort causée par un frere à un frere, né d'un même pere & d'une même mere, d'un frere innocent qui n'avoit jamais offensé le meurtrier qui l'avoit tué : *Adamum qui non solum ob suam transgressionem tantum mœrebat, sed & ob flagitium Cain luctum gravissimum habebat, eo quod viderat mortem suis oculis in vitam introductam, & violentam mortem, & a filio perpetratam, & in fratrem eodem patre eademque matre natum, & qui in nullo nocuerat.*

Mais rien ne rend la cruauté de Cain plus détestable, que ce qu'elle fut l'image de la cruauté du Juif contre le Sauveur, vray Abel du monde nouveau conduit hors la Ville de Jerusalem, trahi par ses freres, & massacré sur le Calvaire par ces nouveaux Cains : & qui participent à la punition de cet ancien fratricide : ainsi l'Eglise souffrante, dit saint Augustin, n'est pas moins ancienne que le genre humain, Abel immolé par Cain en est les premices saintes, & en même temps la figure de Jesus Christ crucifié par le Juif impie : *Ecclesia non defuit ab initio generis humani, cujus primitiæ Abel sanctus est, immolatus & ipse in testimonium futuri sanguinis mediatoris ab ipso fratre fundendi.* Cain au contraire, premier fruit du monde prophane, fit rougir la terre encore pure du sang innocent de son frere, ajoute saint Jerome : *Cain parricida & homicida, cruentum mundum germani sanguine dedicans.*

In Ps. 114. ser. 29. fin.

In c. 4. Oz.

Ces deux freres representerent donc les deux peuples de Dieu, la Synagogue & l'Eglise, dit saint Ambroise, *figura Synagogæ & Ecclesiæ in his duobus fratribus antepræcessit Cain & Abel.* Cain figura le peuple Juif qui poursuivit à mort Jesus-Christ son frere selon la chair, *per Cain parricidalis populus intelligitur Judæorum, qui fratris sui secundùm Mariæ virginis partum sanguinem persecutus est.* Abel figura le peuple Chretien, *per Abel autem intelligitur Christianus. &c.* La terre de Cain a été maudite parce qu'elle n'a pas produit au Juif incrédule le fruit de vie, Jesus-Christ ressuscité sortant du tombeau : la terre du Chrétien fidele sera benite parce qu'elle a ouvert sa bouche par la precieuse confession de la Foy de la Resurrection du Sauveur qu'elle publie à haute voix, & qu'elle a bû ce Sang precieux que le Juif avoit répandu sans vouloir y croire : toutes ces pieuses pensées sont de saint Augustin : *Judæus fudit Sanguinem, non excepit : ille fudit, alia terra excepit Sanguinem, Ecclesia est, & ille Sanguis clamat ad me de terra.* Aprés cela faut il s'étonner si les Juifs accomplissent la verité dont Cain avoit été la figure ; vagabons & fugitifs par toute la terre de devant la face du Seigneur, pour avoir épanché ce Sang innocent ; tremblans à la vuë de celui qu'ils ont pendu à une Croix, & portans par tout le signe de la Circoncision que Dieu leur laisse pour les distinguer des autres nations de la terre, afin qu'ils ne soient pas exterminez, ni confondus avec les autres anciens peuples qu'on ne connoit plus que par l'histoire. Qu'attends-tu, Juif incredule, s'écrie saint Jerôme, tu commis plusieurs crimes du temps de tes Juges : ton idolâtrie te rendit esclave des nations voi-

L. de Caïn & Abel c. 7.

Ibid.

In Psal. 39. med.

sines, mais Dieu prit bien tôt pitié de toi, & ne tarda pas à t'envoyer des sauveurs. Ton impieté n'étant pas moindre sous les Rois; Babylone ravagea ton pays, & le reduisit en une affreuse solitude, mais tes abominations furent expiées par soixante & dix ans de captivité. Cyrus envoyé de Dieu te rendit ta patrie: & Darius releva ton temple, tes autels & tes sacrifices. A la fin Vespasien & Tite ont de nouveau rasé ta Ville & ton temple. Adrien cinquante ans aprés a achevé de t'exterminer: & il y a pres de quatre cens ans que toute la Judée n'est qu'un amas de ruines, & que tu gémis dans l'oppression, sans apparence de secours. Qu'as-tu fait peuple ingrat, esclave dans tous les pays, & de tous les Princes, tu ne sers point les dieux étrangers? cóment Dieu qui t'avoit élû, t'a-il oublié, & que sont devenuës ses anciennes misericordes? quel crime, quel attentat plus grand que l'idolatrie te fait sentir un châtiment que jamais tes idolatries ne t'avoient attiré? Tû te tais? tu ne peux comprendre ce qui rend Dieu si inexorable? souviens-toi de cette parole de tes peres: son Sang soit sur nous & sur nos enfans: & encore, nous n'avons point d'autre Roy que César. Le Messie ne sera pas ton Roy, garde bien ce que tu as choisi; demeure l'esclave de César, & des Rois, jusqu'à ce que la plenitude des Gentils soit entrée, & qu'enfin tout Israel soit sauvé. Tel est le discours de ce grand Docteur.

www.ingramcontent.com/pod-product-compliance
Lightning Source LLC
LaVergne TN
LVHW010105230826
846091LV00005B/2089

* 9 7 8 2 3 2 9 5 6 1 8 5 1 *